매일 밤 행복한 꿈 속으로 푹 빠져드는
멜시오를 위하여.

나의 첫 건강 교실 4 잠

잠은 왜 자야 할까

초판 1쇄 발행 | 2006년 8월 25일
초판 2쇄 발행 | 2010년 5월 5일

지은이 | 프랑수아즈 라스투앵-포주롱
그린이 | 벵자맹 쇼
옮긴이 | 이효숙

펴낸이 | 양철우   펴낸곳 | (주)교학사   등록일 | 1962년 6월 26일 제18-7호
주　소 | 서울특별시 마포구 공덕동 105-67
전　화 | 편집부 (02)7075-328 · 영업부 (02)7075-155   팩스 | (02)7075-330
홈페이지 | www.kyohak.co.kr
편　집 | 김인애, 김길선, 김민령, 김효성
디자인 | 투피피

이 도서의 국립중앙도서관 출판시도서목록(CIP)은 e-CIP 홈페이지(http://www.nl.go.kr/cip.php)에서
이용하실 수 있습니다. (CIP제어번호 : CIP 2006001425)

ISBN 978-89-09-12275-7
ISBN 978-89-09-14622-7 (세트)

LE SOMMEIL
by Françoise Rastoin-Faugeron

Copyright ⓒ 2002 by Éditions NATHAN / VUEF - Paris, France
Korean Translation Copyright ⓒ 2006 by KYOHAKSA

This Korean edition is published under license from Éditions NATHAN.

이 책의 한국어판 저작권은 Éditions NATHAN와의 독점 계약으로 (주)교학사에 있습니다.
저작권법에 의해 한국 내에서 보호를 받는 저작물이므로 무단 전재와 무단 복제를 금합니다.

나의 첫 건강 교실 **4** 잠

잠은 왜 자야 할까

프랑수아즈 라스투앵-포주롱 글 | 벵자맹 쇼 그림
이효숙 옮김

교학사

펴내는 글

어린이들은 궁금한 게 참 많습니다. 당장 무엇이든 질문해 보라고 하면 푸른 하늘 너머에는 무엇이 있는지, 왜 나는 이렇게 생겼는지, 왜 우리 집에는 외계인이 안 오는지, 수백 가지도 넘는 질문들을 단숨에 쏟아 낼 것입니다. 하지만 그 중에서 가장 궁금한 것을 골라 보라고 하면 아마도 '우리 몸'과 관련된 질문이 아닐까요?

왜 우리는 밥을 먹고 잠을 자야 할까? 왜 몸을 깨끗이 씻고 병에 걸리지 않도록 조심해야 할까? 우리는 어떻게 보고 듣고 느낄까? 아기는 어떻게 해서 생겨날까? 어떻게 하면 환경을 보호할 수 있을까? 학교는 왜 가야 할까? 왜 운동을 해야 할까?

이런 질문들이 중요한 까닭은, 나의 몸을 제대로 이해하는 것이 세상을 이해하기 위한 첫걸음이기 때문입니다. 또, 나의 몸을 건강하게 돌보는 것이 세상을 건강하게 만들기 위한 첫 번째 조건이기 때문입니다. 더 나아가 나를 둘러싼 세상을 올바르게 아는 것은 나와 우리 가족, 나의 친구들이 건강하게 살아가기 위해 꼭 필요한 일이겠지요.

　'나의 첫 건강 교실'은 어린이들이 자신의 몸과 자신을 둘러싼 세상에 대해 갖는 다양한 궁금증을 풀어 주기 위해 만들어진 시리즈입니다. 건강을 지키기 위해서 꼭 해야 할 일들과, 우리 몸과 우리를 둘러싼 세상에 대해 꼭 알고 있어야 할 일들을 한 권 한 권에 쏙쏙 담아, 보다 건강하고 행복하게 살기 위한 지혜를 일러 줍니다.

　어린 시절의 건강이 평생 건강의 밑바탕이 된다는 점에서, 그리고 어린 시절의 올바른 행동과 습관이 평생을 좌우한다는 점에서 '나의 첫 건강 교실'은 자라나는 어린이들에게 꼭 필요한 책입니다.

　건강한 몸에 건강한 정신이 깃든다는 말은 정말정말 참말이랍니다!

소아과 의사 　프랑수아즈 라스투앵포주롱

차 례

밤에는 왜 잠을 자야 할까?	12~13
잠은 왜 잘까?	14~15
자는 동안 어떤 일이 일어날까?	16~17
잘 준비는 어떻게 할까?	18~19
잠들기가 무서우면 어떻게 할까?	20~21
꿈은 왜 꿀까?	22~23
자면서 생기는 나쁜 일들	24~25
낮잠은 왜 잘까?	26~27
레미와 릴루의 하루	28~29
어려운 낱말들 (책 속의 진한 글씨들)	30~31

레미와 릴루는 여름 방학을 맞아 산 속에서 사는
아가다 고모에게 갔어요. 아가다 고모는 **천문학자**예요.
그래서 언제나 해와 달, 밤과 낮에 대한
이야기들을 많이 해 주지요.

어느 날 저녁, 레미와 릴루는
해가 지는 것을 보려고 **천문대**에 올라갔어요.
"밤이 되면 해는 어디로 가나요?
우리처럼 잠을 자나요?"
릴루가 묻자, 고모가 대답했어요.
"아냐! 해는 자지 않아.
지구 반대편 쪽으로 가 있어서 보이지 않을 뿐이야.
낮과 밤이 왜 생기는지 먼저 설명해 줘야겠구나."

회색 공은 지구이고, 전등은 태양, 그리고 이건 우리 집이라고 생각하렴.

태양이 지구 위에 있는
우리 집을 비추면
그 때는 낮이란다.

지구가 반 바퀴 돌아서
태양이 우리 집을
비추지 않으면 밤이야.

지구는 태양 앞에서
팽이처럼 스스로 돈단다.
지구는 하루 낮과 밤 사이에
완전히 한 바퀴를 돌지.

지금은 밤이에요.
레미와 릴루는 별이 반짝이는 하늘을 바라보고 있었어요.
"해가 지면 왜 잠을 자야 하나요?"
릴루가 묻자, 아가다 고모가 가르쳐 주었어요.
"사람들이 해와 같은 **리듬**으로 생활하기 때문이야."

밤에는 왜 잠을 자야 할까?

13

사람들은 아주 오랫동안 난방 기구나 전기 없이 살았어.
그래서 몸을 따뜻하게 하거나 일하기 위해서는 태양의 열과 빛을
이용할 수밖에 없었지. 그래서 사람들은 해가 뜨면 일어났고,
해가 지면 잠을 잤단다.

바로 그 때문에 밤이면
우리 뇌가 자러 갈 시간이라는 것을 떠올리고
잠을 자라고 신호를 보내는 거야.

그러면 밤에
일하는 간호사들은
어떻게 해?

밤에 일을 하면 낮에 잠을 자도록
몸이 알아서 변한단다.

때때로 밤에도 일을 해야 하는 직업을 가진 사람은 누구일까?

선생님   의사   경찰   정원사

답 : 경찰관과 의사는 밤에도 일을 해야 해. 그리고 간호사나 방송국 사람들 중에도 밤에 일을 해야 하는 사람이 있어.

"몇 시지? 너희들 피곤해 보이는구나."
아가다 고모의 말에 레미가 대답했어요.
"9시예요."
"9시라고? 자야 할 시간이구나.
꿈나라 기차가 너희를 기다리고 있단다."

잠은 왜 잘까?

몸은 하루 종일 쉬지 않고 일을 해. 놀 때나 공부할 때, 그리고 먹을 때에도. 몸을 쉬게 하려면 잠을 자야 한단다. 잘 시간이 되면 몸도 준비를 하지. 어떤 준비를 하는지 잘 알고 있니?

엄지손가락을 빨거나 인형을 집어 들어.

하품을 해.

눈을 비벼.

공격!

잘 준비를 할 때는 많이 움직이거나 큰 소리로 떠들면 안 돼.

수수께끼

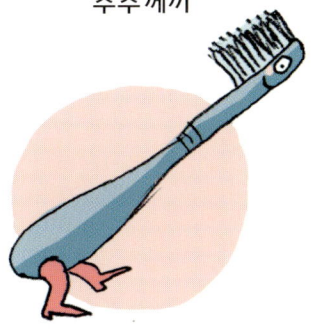

내 몸에는 솔이 나 있어.
하지만 네 발로 걷지는 않아.
매일 저녁 잠자러 가기 전에
너는 나를 만난단다. 나는 누굴까?

답 : 칫솔.

"꿈나라 기차는 우리를 아름다운 밤 여행에 데려간단다."
아가다 고모는 이렇게 말했어요.

꿈나라 기차는 '말짱' 역에서 출발해.
가만히 누워서 눈을 감고, 몸을 편안히 하고
잠에 몸을 내맡기는 거야. 이 때는 아직 잠이 깊이
들지 않아서 여러 가지 소리가 여전히 들린단다.

그러다가 점점 더 깊이 잠들면 아무 소리도 들리지 않아.
그리고 여행은 꿈나라에서 계속되지.
꿈나라에서 나오면 기차는 다시 '말짱' 역을 지나친단다.
잠이 얕아지고 소리가 언뜻 들리기도 하지.
가끔 완전히 잠에서 깨어나기도 하지만,
곧 다시 새로운 꿈 속으로 여행을 떠난단다.

꿈 속 여행을 여러 차례 하고 나서 아침이 되면
기차가 '말짱' 역에 도착해. 충분히 자고 난 뒤
잠에서 깨어나게 되는 거지.

자는 동안 어떤 일이 일어날까?

잠을 자는 동안 우리 몸에는 많은 일이 일어나.

키가 커.

뇌는 보고 듣고 생각한 것을 정리하지.

머리카락, 수염, 손톱이 더 빨리 자라.

난 물구나무 서서 잔다!

잠을 잘 때에는 각자 좋아하는 자세가 있어.

대부분의 동물들이 우리처럼 누워서 잠을 자.
하지만 서서 자는 동물도 있어.
다음 그림에서 찾아보렴.

답 : 말

레미와 릴루는 아가다 고모가 잠자리를 마련해 놓은 방으로 갔어요.
푹신한 이불과 좋아하는 장난감들이 가득해서 편안하고 행복했어요.
"잘 자렴. 이제 곧 잠이 올 거야."
아가다 고모가 말했어요.

잘 준비는 어떻게 할까?

책을 읽거나
이야기를 듣는 것이
가장 좋아.

침대에 누워
그 날 있었던 일을
이야기할 수도 있어.

만약 걱정거리가 있다면
그걸 털어놓는 것도
좋겠지.

난 자기 전에
텔레비전을
보는 게 좋아.

자기 전에
텔레비전을 보는 건
좋은 습관이 아니야.

자기 전에 무얼 하고 싶니?

- 인형과 놀기
- 동화책 읽기
- 낮에 있었던 일 이야기하기
- 위의 세 가지 것 다 하기

레미는 얼른 잠들지 못했어요.
"잠이 들면 괴물이 나타날까 봐 무서워요."
레미의 말을 듣고 아가다 고모는 이렇게 이야기했어요.
"괴물은 없단다! 혹시 괴물이 나타나면, 네가 자려고 할 때
뇌가 너에게 장난하는 거라고 생각하렴.
네 마음이 무서운 이야기를 만들어 낸 거라고 말이야.
너는 진짜로 뭔가 봤다고 믿지만 이 세상에 괴물 같은 건 없어.
그러니까 무서워하지 마. 내가 곁에 있잖아. 어서 자렴."

잠들기가 무서우면 어떻게 할까?

네가 좋아하는 것들을 떠올려 봐.

마음을 깃털처럼 가볍고 편안하게 가져.

엄마 아빠가 네 곁에 있으니까, 아무것도 무서울 게 없다고 생각하렴.

난 괴물이 하나도 무섭지 않아!

괴물은 이야기 속에나 나오는 거야. 실제로는 없어.

다른 점 찾기

이 두 그림은 같은 그림이야. 하나는 빛을 비춘 그림이고, 다른 하나는 빛을 비추지 않은 그림이지. 첫 번째 그림과 두 번째 그림에서 다른 곳 세 군데를 찾아보렴.

꿈은 왜 꿀까?

꿈을 꾸는 동안 우리는 **정신**을 가다듬고
낮 동안 보고 들은 것들을 차곡차곡 정리하게 돼.

아주 기분 좋은 꿈을 꾸기도 해.

때론 아주 기분 나쁜 꿈을 꾸기도 하지.

만약 **악몽**이 무서워서 다음 날에도 자꾸 생각나면,
그 꿈에 대해 다른 사람에게 이야기하거나
그림으로 그려 보는 것도 좋아.

너무 무서웠어!

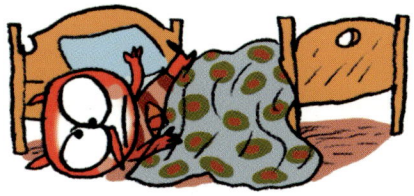

끔찍한 악몽을 꾸면
자다가 깨기도 한단다.

이 그림들 중에서 기분 좋은 꿈과 기분 나쁜 꿈은
각각 어느 것인지 이야기해 보렴.

"잠자면서 걸어다니는 아이를 본 적이 있어. 그 아이에게
말을 걸었는데, 엉뚱한 대답을 하더니 다시 잠들어 버렸어. 정말 웃겼어."
레미가 이런 이야기를 하자, 릴루도 말했어요.
"내 친구 중 어떤 애는 자다가 이불에 오줌도 싸는걸."
그러자 아가다 고모가 말했어요.
"자면서 그런 행동을 하다니, 굉장한 친구들이구나!"

자면서 생기는 나쁜 일들

25

잠을 자다 벌떡 일어나서 걸어다니는 사람을 '몽유병 환자'라고 불러. 몽유병 환자는 절대로 깨우면 안 돼. 혹시 깨더라도 다시 잠들 수 있게 도와 줘야 해.

밤에 침대에다 오줌을 싼다면, 그건 오줌을 참지 못하기 때문이야. 그런 경우 어떻게 해야 하는지 의사 선생님이 가르쳐 줄 거야.

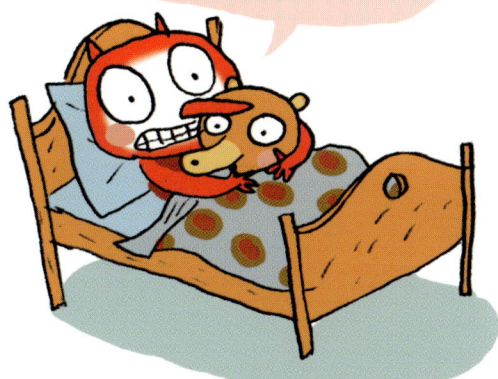

다시 잠들 수가 없어!

악몽을 꾸고 나서 다시 잠이 오지 않으면 악몽을 생각하지 말고 네 주위의 것들에 관심을 돌려 봐. 방 안이나 장난감을 돌아보거나 네가 좋아하는 인형을 꼭 끌어안으면 좋아.

이 몽유병 환자에게 인형을 찾아 줘.

"아침 해가 떴네!"
레미가 소리쳤어요.
"해님, 안녕! 소풍 가려고 해가 뜨기를 기다렸단다."
아가다 고모가 말했어요.
"소풍? 우아, 신난다!"
레미와 릴루는 손뼉을 치며 기뻐했어요.

낮잠은 왜 잘까?

가끔은 낮에도 잠을 자야 할 때가 있어.
뇌가 전하는 이야기를 들어야 하거든.

난 낮잠 자기 싫어!

낮잠을 자는 이유는
너에게 잠이 필요하기 때문이야.
잠을 자면서 뇌를 쉬어야 하거든.
하루 30분 정도의
낮잠은 몸에 아주 좋단다.

레미와 릴루의 하루

해가 뜨고 있어.

해가 하늘 높이 떠 있어.

해가 지고 있어.

해가 졌어.

아래 그림을 보고 레미와 릴루가 무얼 하는지 이야기해 봐.
또, 해는 하늘 어디에 있는지, 하루 중 어느 때인지도 말해 보렴.

프랑수아즈 라스투앵–포주롱 글
프랑스의 소아과 의사입니다. 일간 신문을 비롯한 다양한 매체에서
어린이 건강 교육 전문가로 활동하고 있습니다. 의사이자 어머니, 그리고 할머니로서
자신이 쌓아 온 경험을 바탕으로, 놀이를 통한 어린이 건강 교육에 힘을 쏟고 있습니다.

벵자맹 쇼 그림
프랑스 오트잘프에서 태어나, 스트라스부르 고등장식 미술학교를 졸업했습니다.
지금은 마르세유에서 어린이를 위한 그림을 그리고 있습니다.
그린 책으로 〈포멜로가 사랑에 빠졌어〉, 〈슬픈 피콜로〉, 〈우리 몸 아틀라스〉 등이 있습니다.

이효숙 옮김
연세대학교 불어불문학과를 졸업하였고, 파리 소르본 대학에서 불문학 석사와
박사 학위를 받았습니다. 지금은 연세대학교에서 강의를 하며, 번역 활동도 함께 하고 있습니다.
옮긴 책으로는 〈없는 아이〉, 〈내겐 너무 예쁜 선생님〉, 〈로즈버드〉,
〈너랑 친구하고 싶어〉 등이 있습니다.